엮은이 카렌 포스터
유럽에서 22년 동안 편집자, 편집장으로 일하면서
주로 전문 잡지와 도감 들을 만들었어요.
그 밖에 눈에 띄는 참고서와 음악 제품 들을 만들어 냈지요.
여러 나라 말을 할 수 있어서 번역가로도 일했어요.

그린이 레베카 엘리엇, Q2 Media
레베카 엘리엇은 영국의 켄트 주립 대학을 마치자마자
어릴 때부터 꿈꿔 왔던 화가가 되었어요.
지금은 영국과 미국의 이름난 아동 출판사에서
그림책이나 참고서에 예쁘고 즐거운 그림을 그리고 있어요.
Q2 Media는 어린이들이 보는 참고서에 그림을 그리는 모임이지요.

옮긴이 김혜선
연세대학교 영문학과를 마친 뒤, 어린이 책을 만들고 있어요.
쓴 책으로는 《신발》《은혜 갚은 짐승들》《식물이 사라졌어》,
옮긴 책으로는 《애들은 애들이지》《날고, 걷고, 헤엄치고》
《비눗방울 편지》《개구리 한 마리》들이 있어요.
어린이들한테 소중한 꿈, 작은 생각 씨앗을 심어 주는 마음으로
책을 만들고 있어요.

꼬마 탐험가가 보는 지도책 03
남아메리카

카렌 포스터 엮음 | 김혜선 옮김

초판 1쇄 발행 2009년 11월 16일

펴낸이 | 양원석
편집장 | 최주영
책임편집 | 김지은
디자인 | 바오밥 나무
마케팅 | 정도준, 김성룡, 백준, 나길훈, 임충진, 주상우
제작 | 허한무, 문태일, 김수진

펴낸곳 | 랜덤하우스코리아(주)
주소 | 서울시 강남구 삼성동 159번지 오크우드호텔 별관 B2 (우 135-525)
내용 문의 | (02) 3466-8915
구입 문의 | (02) 3466-8955
등록번호 | 제2-3726호 (2004년 1월 15일 등록)
홈페이지 주소 | www.jrrandom.co.kr

ISBN 978-89-255-3471-8 74980
ISBN 978-89-255-3462-6 (세트)

값 10,000원

YOUNG ADVENTURER ATLAS : SOUTH AMERICA
Copyright ⓒ 2007 by Diverta Ltd
Korean Translation copyright ⓒ 2009 by Random House Korea, Inc.
All rights reserved.
Korean translation rights arranged with Diverta Ltd, London through EYA (Eric Yang Agency), Seoul.

이 책의 한국어판 저작권은 EYA(Eric Yang Agency)를 통해 Diverta Ltd와 독점 계약한 랜덤하우스코리아(주)에 있습니다.
신 저작권법에 의해 한국 내에서 보호를 받는 저작물이므로 무단 전재와 무단 복제를 금합니다.

* 맞춤법과 띄어쓰기는 국립국어원의 기준에 따랐습니다.
* 잘못 만들어진 책은 구입하신 곳에서 교환해 드립니다.
* 주의 : 책 모서리가 날카로워 다칠 수 있으니 사람을 향해 던지거나 떨어뜨리지 마십시오.

차 례

남아메리카에 온 것을 환영해요!	4-5
나라	6-7
지형	8-9
물길	10-11
기후	12-13
식물	14-15
동물	16-17
인구	18-19
민족과 풍습	20-21
가 볼 만한 곳	22-23
산업	24-25
교통	26-27
티티카카 호	28-29
용어 풀이와 찾아보기	30-31
한눈에 보기	32

남아메리카에 온 것을 환영해요!

세계는 크게 일곱 개의 땅덩이로 이루어져 있어요.
유럽, 북아메리카, 남아메리카, 아시아, 아프리카,
오세아니아, 남극으로, 이를 '대륙'이라고 하지요.

남아메리카는 삼각형 모양으로 생겼어요.
넓은 부분이 적도에 놓여 있어서,
세계에서 가장 큰 열대 우림이 있지요.

남극권은 지구 바닥에 빙 둘러 그린 상상의
선이에요. 남극의 끝이 어디인지를 나타내지요.

나침반을 보면 어느 쪽이
동서남북인지 알 수 있어요.

나라

남아메리카에는 13여 개의 나라가 있어요.

어떤 언어를 쓰나요?

남아메리카의 나라 대부분은 1600년대에 에스파냐의 침략과 지배를 받았어요. 오늘날까지 에스파냐 어를 주로 쓰는데, 포르투갈의 지배를 받았던 브라질에서는 포르투갈 어를 써요. 또 가이아나에서는 영어를 주로 쓰고, 프랑스계 가이아나에서는 프랑스 어를 써요. 아마존과 안데스 산맥의 원주민은 고유어를 쓰지요. 토속어인 케추아 어, 아이마라 어, 과라니 어 같은 언어지요.

'안녕'이라고 인사해요!

- 올라 (에스파냐 어)
- 봉 디아 (포르투갈 어)
- 알리안추 (케추아 어)
- 살루 (프랑스 어)

야구아 족 어린이

남아메리카의 어린이들

음악과 춤

사람들은 화려하고 아름답게 꾸민 옷을 입어요. 춤출 때 입는 옷은 더 화려해요. 탱고나 삼바 같은 고유 춤을 즐기지요. 아르헨티나에서는 동물의 뼈로 만든 전통 악기의 연주에 맞춰 춤을 추는 원주민들 모습도 볼 수 있어요.

무얼 먹을까요?

- **볼리비아** 우민타스(팬케이크)
- **칠레** 해산물 스튜
- **콜롬비아** 나틸라(계피와 코코넛 크림)
- **에콰도르** 붉은 고추와 병아리콩 샐러드
- **파라과이** 옥수수와 호박 수프
- **페루** 포테이토 아 라 우안카이나(매운 소스)
- **베네수엘라** 아레파스(치즈빵)

아르헨티나 부에노스아이레스의 탱고

볼리비아의 민속춤

지형

남아메리카의 서쪽에는 높이 솟은 안데스 산맥이 척추처럼 길게 뻗어 있어요. 동쪽의 고지대도 높지만, 서쪽보다는 낮아요. 안데스 산맥의 남쪽으로 내려가면 사막이 있어요.
남아메리카의 대부분은 커다란 아마존 강과 열대 우림이 차지하고 있어요. 남쪽에는 풀이 우거진 저지대와 고지대 평지인 고원이 펼쳐져 있어요.

화산 거리

에콰도르에는 30개가 넘는 화산이 있어요. 화산이 많다 보니, 마치 길게 뻗은 화산 거리 같지요. 그 가운데 세계에서 가장 높은 활화산이 코토팍시 산이에요.

하늘로 솟아오르는 화산 연기

안데스 산맥

안데스 산맥에는 눈 덮인 높은 산이 많아요. 아주 오랜 옛날 맨 처음 산이 만들어질 쯤에 생긴 화산 봉우리들도 있지요. 화산은 지금도 가끔 용암을 내뿜고 땅을 뒤흔들기도 해요. 그래서 산사태를 일으켜 농장과 마을을 휩쓸어 버리기도 해요.

모래에 새겨진 무늬

동물과 새 모양이 페루 남부 나스카 사막에 새겨져 있어요. 이 모양은 너무 커서, 하늘에서만 볼 수 있지요.

소금 사막

아주 옛날 볼리비아의 드넓은 소금 사막은 맨 처음에 호수였어요. 가장 넓은 곳은 우유니 소금 사막으로 넓이가 자그마치 1만 2000제곱킬로미터에 이르지요. 이곳 바닥은 아주 메말라 이리저리 깊게 갈라져 있어요.

볼리비아의 소금 더미

페루 나스카 사막의 동물 그림

기아나 고지는 깊은 골짜기로 나뉘어 있어요. 강의 아주 센 물살이 바위를 깎아 내려 만들어진 골짜기지요.

기아나 고지의 포타로 강

아타카마 사막의 울퉁불퉁한 표면

아타카마 사막은 소금 퇴적층과 화산암으로 울퉁불퉁해요. 마치 달 표면 같지요.

코토팍시 산

나스카

아마존 언저리는 빽빽한 숲이 있는 넓고 낮은 곳이에요. 수백 개의 강이 이리저리 얽혀 있지요.

안데스 산맥은 남아메리카 서쪽에서 남북으로 들쭉날쭉 이어진 척추 같아요. 아콩카과 산이 가장 높지요.

브라질 고원에는 언덕과 마을이 서쪽 해안을 따라 죽 이어져 있어요.

아콩카과 산

눈과 얼음으로 덮인 안데스 산맥

파타고니아 고원은 판판하고 메마른 땅이에요. 지구 상에서 가장 오래된 바위들을 볼 수 있지요.

칠레 파타고니아의 국립 공원

부호

⛰️	산맥
	사막
	고지대
🌳	열대 우림
	고원
▲	화산

남아메리카의 척추 안데스 산맥을 손가락으로 따라가 보아요.

물길

남아메리카에는 세계에서 두 번째로 긴 아마존 강이 아주 넓게 흐르고 있어요. 서쪽에서 동쪽으로 흐르는 큰 물줄기와 수천 개의 작은 물줄기가 있어요. 작은 물줄기 가운데 일곱 개의 길이가 무려 1500킬로미터에 이르지요.
남아메리카에는 또 다른 많은 물길이 가로세로로 얽혀 있어요. 그 가운데 파라나 강과 마데이라 강이 크지요.

황금 호수

안데스 산맥의 콜롬비아에 있는 한 호수에는 보물이 있다고 전해져요. 전설에 따르면, 아주 옛날 치브차 족 사람들이 금과 에메랄드를 호수에 던져 '황금 왕' 엘도라도 신한테 바쳤다고 해요. 하지만 호수도 보물도 발견되지 않았지요.

커다란 물길

남아메리카의 주요 강 세 곳의 바닥을 낮추어 남아메리카 전체에 걸쳐 물길을 만들려고 해요. 공사가 끝나면 아르헨티나, 볼리비아, 파라과이, 우루과이 같은 내륙 나라에서 배로 바다까지 나갈 수 있게 되지요.

알고 있나요?

그리스 신화에 나오는 여자 무인족을 아마존이라고 해요. 1541년 남아메리카의 강을 탐사하던 에스파냐 선원들이 강가에 살던 원주민 여인들과 맞닥뜨려 전투를 벌였어요. 에스파냐 선원들은 신화 속 여자 무인족의 이름을 따와 이 강을 아마존이라고 이름 붙였지요.

아마존

아마존 강의 흙탕물은 안데스 산맥 높은 곳의 작은 시냇물에서 시작되어 적도를 따라 서쪽에서 동쪽으로 흘러 대서양에 이르지요. 브라질, 페루, 볼리비아, 콜롬비아 들을 가로지르는 동안 대서양에 이르지요. 수천 개의 다른 강을 만나 세계에서 가장 큰 강이 되어요. 이 강의 길이는 6299킬로미터예요. 일 년에 여러 차례 내리는 큰비로, 아마존 강은 강둑을 따라 우거진 숲으로 흘러 넘쳐요.

아마존 강

기후

안데스 산맥에는 반짝이는 눈밭과 바위산이 펼쳐져 있어요. 아래쪽 가파른 절벽과 풀이 우거진 골짜기에는 바람이 세차게 불고 비가 억수같이 퍼부어요.
비가 많이 오는 우기에는 산사태로 마을의 집이며 농작물이 휩쓸려 내려가고, 화산과 지진으로 산이 뒤흔들리지요. 남아메리카 전체를 무너뜨릴 만큼 강해요.

여러 기후의 나라

칠레는 워낙 땅이 길어서 수많은 기후가 나타나요. 남부는 매우 춥고, 눈 덮인 산이 구불구불 골짜기를 따라 이어져 있어요. 중부는 따뜻한 기후로 농장과 포도밭이 펼쳐져 있지요. 북부는 대부분 건조한 사막이에요.

칠레의 포도밭

북부부터 남부까지

티에라델푸에고의 코끼리바다표범

적도에 놓여 있는 남아메리카 북부 지역은 덥고 습해요. 하지만 남부 지역은 겨울철 남극에서 불어오는 바람으로 매섭게 춥지요. 남아메리카 끝에는 폭풍이 몰아치는 추운 섬 티에라델푸에고가 있어요.

습지대

비가 안 오는 건기에 오리노코 강의 삼각주는 맹그로브 숲과 늪이 있는 습지대예요. 우기가 되면 강이 넘쳐 숲이 물속으로 사라지지요.

메마른 땅

아타카마 사막의 어떤 곳은 400년 동안 비가 한 번도 안 내렸어요. 몇몇 동식물이 눈이나 안개, 이슬에서 수분을 얻으며 겨우 살아가지요.

구름 숲

안데스 산맥의 구름 숲 위로 드리워진 무지개

습기를 잔뜩 머금은 구름이 안데스 산맥의 가파른 비탈을 뒤덮고 있어요. 이 구름은 태평양의 뜨거운 공기가 산으로 올라가 식으면서 생긴 거예요. 아주 낮게 깔려서 나무 윗부분이 구름 위로 올라오지요. 안개는 나뭇잎들을 땅으로 떨어뜨려요. 이 구름 숲은 퓨마나 안경곰 같은 야생 동물이 쉴 곳이 되지요. 안경곰은 눈에 안경테를 두른 것 같아 붙여진 이름이에요.

식물

아마존 강 언저리에 푸르게 우거진 열대 우림은 세계에서 가장 큰 숲이에요. 여러 식물이 자라는 커다란 온실 같지요. 아마존이 없다면 식물들은 고지대의 바람 부는 산이나 저지대의 메마른 사막 같은 곳에서 힘들게 살아가야 해요.

화려한 식물

열대 우림의 꽃은 아주 화려해요. 좁은 곳에서 자라면서 꽃가루와 씨를 퍼뜨려 줄 곤충과 새들을 꾀어내야 하니까요. 그래서 이곳 그늘진 숲 속의 식물들은 화려한 꽃잎과 넓은 잎사귀로 눈길을 끌지요.

붉은 브로멜리아드가 컵처럼 오므린 잎에 빗물을 모아 영양분을 빨아들여요.

나뭇잎 우산

숲은 어둡고 습하며 고요해요. 태양은 키 큰 나무의 꼭대기, 우산처럼 생긴 부분에만 비치지요. 이곳을 임관(숲의 모자)이라고 해요. 어떤 나무는 키가 60미터에 이르지요. 일 년 내내 야생란과 덩굴 식물 리아나가 자라요. 숲은 거의 물에 잠겨 있으며 아마존수련이 물 위에 고요히 떠 있지요.

기어오르는 식물

깊은 숲 속의 나무들은 하늘을 가릴 만큼 높이 자라요. 작은 식물들은 자라는 데 필요한 물과 햇빛을 찾기가 매우 어렵지요. 그래서 키 큰 나무에 뿌리를 내려요. 이 식물들은 썩은 나뭇잎이나 새의 똥오줌, 뿌리를 둔 나무껍질 따위에서 물과 영양분을 빨아들이지요. 리아나 같은 식물은 나무줄기 전체를 빙 돌아 감아 올라가며 자라요. 태양이 비치는 나무 꼭대기까지 올라가 그곳에서 꽃을 피우지요.

아마존수련

알고 있나요?

아마존 원주민은 열대 우림에서 나는 꽃과 과일을 물감과 약재로도 썼어요.

햇빛을 받으려고 나무를 타고 올라가는 식물은 무엇인가요?

브라질너트는 아마존 열대 우림의 가장 큰 나무 중 하나예요. 나무 한 그루가 수백 마리의 동물과 새, 곤충의 보금자리가 되지요.

고무나무도 열대 우림에서 자라요. 고무나무의 진은 고무를 만드는 데 쓰이지요.

이끼 낀 바위

이끼가 산에 바위를 가득 덮고 있어요. 작고 낮게 자라는 식물들만 안데스 산맥의 매섭게 눈보라가 치는 겨울에 살아남을 수 있지요.

바닐라 난초는 열대 우림 높은 곳에서 자라요. 씨가 터지면 바닐라 향이 퍼지지요.

바닐라 난초

아타카마 사막에 **선인장**이 자라요. 선인장들은 비가 거의 안 와서 땅 아래로 뿌리를 뻗어 물을 빨아들이지요.

팜파스는 아르헨티나 대부분을 차지하고 있는 널따란 초원이에요. 생명력이 강하고 뾰족한 풀들만이 이곳에서 자라지요.

칸다라브라 선인장

부호

- 브라질너트
- 고무나무
- 선인장
- 이끼
- 풀
- 바닐라 난초

팜파스에서 자라는 풀

15

동물

남아메리카는 거의 높은 산이나 빽빽한 숲, 메마른 사막이어서, 동물들이 사람들로부터 자유롭게 살기에 알맞아요. 그러나 사람들이 목재와 먹을거리를 얻으려고 숲을 베어 내고, 초원에서 농사를 지으며, 동물을 잡아들이고 있지요. 그래서 동물 수가 차츰차츰 줄어들고 있어요.

안데스 산맥의 동물

높은 산비탈에 사는 동물들은 생명력이 강하고 튼튼해야 해요. 낙타의 한 종류인 야마나 토끼처럼 생긴 친칠라에게는 추위를 견딜 수 있는 두껍고 따뜻한 털이 있지요.

안데스 산맥의 야마

 아마존 밀림 깊숙한 곳

아마존 숲 속의 동물들은 거의 수영 선수에다가 등반가예요. 알록달록한 앵무새와 청개구리가 나뭇잎 사이로 고개를 내밀고 원숭이들은 끽끽대며 이 나무 저 나무로 그네를 타지요. 개미핥기는 숲 속 땅을 돌아다니며 킁킁대고, 재규어와 보아는 먹이를 찾아 카피바라와 맥을 사냥해요.

놀라운 사실

아마존 강에는 위험한 동물들이 도사리고 있어요. 커다란 아나콘다가 먹이를 몸으로 단단히 감아 숨을 끊어 놓지요. 식인 물고기 피라니아의 이빨은 면도날처럼 날카로워요. 배고픈 악어는 갈대숲에 숨어 먹이를 순식간에 덮치지요.

청황마코앵무   빨간눈청개구리   에메랄드나무보아

아마존에서 알을 낳는 거북

해마다 아마존 강을 거슬러 올라가 강가에 알을 낳는 거북이 많이 있어요. 바로 노란점아마존강거북이지요. 사람들이 거북과 거북 알을 너무 많이 잡아서 지금은 나라에서 보호하고 있어요. 둥우리와 새끼 거북을 잘 보살피고 있지요.

노란점아마존강거북

인구

남아메리카 인구의 4분의 3이 해안 둘레에 발달한 크고 현대적인 도시에 모여 있어요. 사람들은 환경이 좋은 도시에서 일을 하려고 모여들지요. 이곳 항구는 수많은 상품이 바쁘게 드나들며 사람들의 삶에 중요한 구실을 해요.

도시에 사는 사람들

많은 사람이 일과 더 나은 삶을 찾아 시골을 떠나요. 그러나 오래도록 일을 못 구한 사람이 많아요. 도시는 복잡하고 집이 너무 비싸 마땅한 집을 찾기 어렵지요. 가난한 사람들은 판자나 양철, 마분지로 만든 허름한 집에서 살아가요. 그마저 안 되는 가난한 사람들은 거리나 바닷가에서 살지요.

시골에 사는 사람들

남아메리카 인구의 4분의 1만이 시골에 살고 있어요. 대부분 가난하며, 좁은 땅을 일구며 살아가지요. 수백 년 대대로 살아왔던 그대로예요. 몇몇 잘사는 사람들이 커다란 목장과 농장을 가지고 있어요.

알고 있나요?

볼리비아 인구의 절반 이상이 원주민이에요. 지금도 원주민들은 거의 줄무늬 판초와 숄, 둥근 펠트 모자로 된 전통 의상을 입고 지내지요.

판초를 입은 케주아 족 어린이

남아메리카의 이름난 도시

카라카스

베네수엘라의 화려한 수도 **카라카스**는 석유로 벌어들인 돈으로 세워진 도시예요. 땅 대부분에서 석유를 캐내거나 땅속 자원을 찾으려고 구멍을 파거나 하지요.

'구름에 닿은 도시', 볼리비아의 **라파스**는 세계에서 가장 높은 도시 가운데 하나예요. 이곳에는 많은 원주민이 살고 있지요.

브라질의 **상파울루**는 남아메리카에서 가장 인구가 많은 도시예요. 기름진 농경지와 산업 지대에 닿아 있지요.

현대적인 도시 **브라질리아**는 브라질 중부의 황무지에 세워졌어요. 세계에서 가장 독특한 건물들이 이곳에 모여 있지요.

브라질리아의 국회 의사당

점점 더 많은 사람이 일자리를 찾으려고 **카라카스**나 **보고타** 같은 커다란 산업 도시로 모여들고 있어요.

아마존 숲에는 원주민을 빼고는 사람들이 거의 안 살아요. 너무 덥고 습해서예요.

페루의 수상 가옥

카라카스

보고타

사람들이 **화산**의 산비탈을 일구어요. 농작물이 기름진 땅에서 잘 자라서예요.

브라질리아

리우데자네이루

상파울루

사람들은 대부분 해안이나 섬 둘레에 살아요. 이곳에 큰 도시들이 있어서예요.

에콰도르의 퉁구라우아 화산에 있는 목장

산티아고

부에노스아이레스

안데스 산맥은 춥고 공기가 부족해서 사람들이 거의 안 살아요.

팜파스에는 가우초 카우보이들만 살고 있어요. 그들은 목장에서 소와 말 떼들을 키우고 있지요.

리우데자네이루의 코파카바나 해변

부호

- ⬤ 500만 명 이상 사는 곳
- ● 100~500만 명이 사는 곳
- ∴ 사람이 많이 사는 곳
- · 사람이 많이 안 사는 곳
- · 사람이 거의 안 사는 곳

아르헨티나 남부의 고원에는 춥고 바람이 많이 불어서 사람들이 거의 안 살아요.

알고 있나요?

브라질은 젊은 나라예요. 이곳 사람들 가운데 거의 절반이 스무 살도 안 되지요.

남아메리카 도시 가운데 어느 곳의 인구가 가장 많나요? 19

민족과 풍습

다양한 경치를 자랑하는 남아메리카는 문화와 전통도 다양한 대륙이에요. 수많은 관광객이 세계에서 모여들지요.
관광객들은 도시의 눈부신 밤을 즐기고, 열대의 바닷가에서 햇볕을 쬐며, 고대 문명의 자취를 둘러보고, 아마존 강을 유람하며, 안데스 산맥을 오르지요.

옷

습하고 뜨거운 브라질의 숲에 사는 인디언들은 옷을 거의 안 입어요. 돌이나 동물 뼈, 이빨, 발톱, 깃털로 만든 장신구를 많이 하지요.

안데스 산맥의 쿠스코 원주민은 고운 빛깔의 모직 숄이나 망토, 담요를 둘러 몸을 따뜻하게 해요.

생태 여행

생태, 자연, 관광은 남아메리카와 잘 어울리는 말이에요. 대륙의 대부분이 야생으로 보존되어 있어서예요. 이곳의 눈부신 경치, 이국적인 식물, 진귀한 야생 동물을 본 생태 여행가들은 입이 딱 벌어져요.

시장

시장은 아주 다채로운 곳이에요. 많은 사람이 와서 물건들을 사고팔아요. 손수 짠 바구니나 깔개, 과일과 채소 같은 것을 볼 수 있지요. 산책하러 나온 사람, 친구와 수다 떨러 나온 사람들도 많아요.

칠레의 페오에 호

라파스의 옷 가게

학교

안데스와 아마존의 인디언 어린이들은 거의 산이나 밀림에 있는 학교에 다녀요. 이곳에서 읽고 쓰는 법도 배우고, 살아가는 데 꼭 필요한 기술을 배우지요. 집을 짓거나 고치는 일, 물건을 만드는 일 따위지요.

안데스 산맥 한 마을 학교의 어린이들

야노마미 족 마을

야노마미 족 원주민은 야자 잎으로 엮은 넓고 둥근 오두막 샤보노에 살아요. 어린이들은 집 안의 땅바닥에서 놀고, 사냥을 하는 어른들은 그물 침대 해먹에서 낮잠을 자지요. 식구들마다 화덕이 하나씩 있으며, 생선이나 딱딱한 뿌리인 카사바로 요리를 해요. 야노마미 족은 사냥을 하고, 물고기를 잡으며, 숲을 베어낸 자리에 텃밭을 일궈 채소를 가꿔 먹어요. 사라져 가는 다른 원주민처럼 이들도 정부의 보호 아래 있지요.

브라질 숲 속의 야노마미 족 마을

태양신 잔치

오랜 옛날 페루의 잉카들은 생명을 주는 힘의 상징으로 태양을 우러러보았어요. 오늘날 쿠스코에서는 옛날처럼 태양을 경배하는 잔치를 열어요. 사람들은 태양 신전에 가서 태양이 떠오르는 것을 지켜보고, 음악과 춤이 어우러진 잔치를 열지요.

잉카의 태양신 잔치

축구

브라질에서 가장 인기가 있는 운동은 축구예요. 모두가 국가 대표 팀을 응원하지요. 브라질 출신으로 세계에 이름난 축구 선수인 펠레는 국민 영웅이에요. 펠레는 상파울루 거리에서 자랄 때 축구공을 살 돈이 없었지만 꿈을 꺾지 않았어요. 펠레는 양말 속에 주먹만 한 그레이프프루트 과일을 집어 넣어 축구를 했대요. 오늘날 펠레는 어려운 환경 속에서 운동을 하려는 어린이들한테 희망의 상징이지요.

가 볼 만한 곳

남아메리카에 가면 볼 것이 정말 많아요.
멋진 산과 산호 해변, 국립 공원과 식물원,
고대 도시의 유적이며 눈부신 현대 건축물처럼
어디를 가도 신 나는 볼거리들이지요.

브라질 리우데자네이루의
가장 이름난 상징은
슈거로프 산이에요.
바다의 만 위에 솟아 있지요.

아르헨티나의 카우보이 **가우초**들과
팜파스의 널따란 풀밭에 있는 소 떼

페루 **찬찬**의 고대 도시는
수천 년 전에 세워졌으며,
모두 진흙으로 만들었어요.

브라질의 수도는 **브라질리아**예요. 이 개성 넘치고
현대적인 도시는 1950년대에 버려진 땅 한가운데에
세워졌어요. 이 현대식 성당처럼 독특한 건물이
빽빽하게 늘어서 있어요.

해마다 수천 명의 사람이 브라질 리우데자네이루 거리에서 **카니발**을 즐겨요.

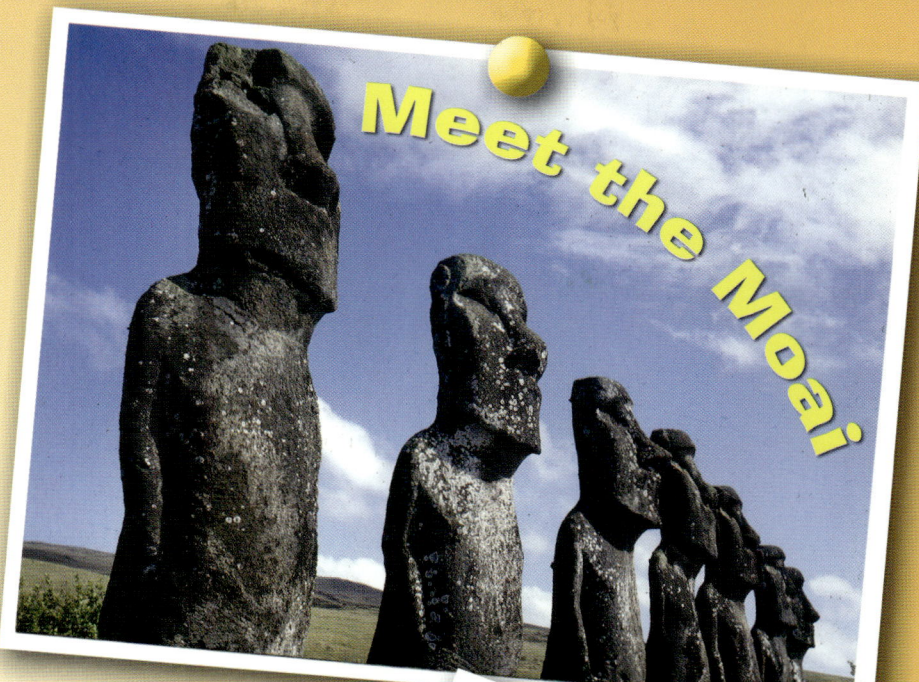

이스터 섬은 칠레에서 3000킬로미터쯤 떨어진 남태평양에 있어요. 모아이라고 하는 커다란 석상이 해안선을 따라 줄지어 서 있는 것으로 이름나 있어요.

마추픽추 유적지를 보러 세계 여러 나라에서 사람들이 찾아와요. 이곳은 남아메리카의 초기 원주민 잉카가 세운 고대 도시지요.

아마존 강둑을 따라 집들이 옹기종기 모여 있어요. 이곳에서 뱃짐을 내리거나 손님들이 타고 내리지요. 강이 자주 넘쳐서 기둥을 높게 세우고 그 위에 집을 지었어요.

산업

남아메리카의 산과 풀밭은 귀중한 자원이에요. 산에는 석유, 금속, 보석 들이 묻혀 있으며, 풀밭에서는 소와 바나나, 사탕수수를 기르지요. 모두 남아메리카의 주요 생산물이에요. 이 생산물들은 다른 나라로 팔려 나가 엄청난 이익을 얻지요.

공정 무역

지금까지 수십 년 동안 부자 나라들은 남아메리카의 가난한 나라에 자본을 빌려 주어 도왔어요. 가난한 나라의 농산물을 아주 싸게 사는 조건으로 말이지요. 하지만 이제 일부 커피 무역에서 동등한 공정 무역이 이루어지고 있어요. 정당한 값을 주고 커피를 사서 커피를 기르는 농부가 경제적 자립을 할 수 있게 해요. 옛날과 다른 방법으로 돕는 것이지요.

석유 시추

마라카이보 호는 베네수엘라 만에 있는데, 남아메리카에서 가장 큰 호수예요. 호수 밑에 엄청난 원유가 묻혀 있지요. 호수 아래로 넣은 관을 통해 빨아올린 원유는 세계로 팔려 나가요.

구리와 에메랄드

안데스 산맥에는 귀중한 보석과 금속이 묻혀 있어요. 수백만 년 전 화산이 폭발할 때 만들어진 것들이에요. 금, 은, 구리도 발견되지요. 칠레의 구리 광산은 세계에서 가장 커요. 에메랄드는 콜롬비아의 안데스 산기슭과 강에서 발견되어요. 이 녹색 보석은 다이아몬드보다도 값지지요. 브라질도 '고양이 눈' 또는 '별'이라고 하는 밝은 에메랄드를 만들어 내요.

마라카이보 호의 석유 시추

크기와 품질에 따라 에메랄드를 나누어요.

'고양이 눈'이라고 하는 보석은 무엇인가요?

교통

사람들의 삶은 교통 수단에 따라 달라져요. 다른 곳으로 이동할 때 무엇을 이용하는지가 중요하지요. 남아메리카 사람들은 안데스 산맥과 아마존 밀림이 있어도 잘 이동해요. 옛날 사람들은 해안을 벗어나기 어려웠지만 지금은 비행기나 고속 도로로 도시 사이를 쉽게 오갈 수 있지요.

우정의 다리

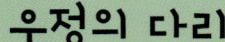

우정의 다리는 파라과이와 브라질을 이어 주어요. 파라과이로 들어가고 나가는 물건들은 대부분 이 다리를 지나가지요. 그래서 늘 차와 장사꾼들로 붐벼요. 이 다리를 통한 무역 덕분에 두 도시 모두 잘살게 되었어요.

통나무배

페루의 어부들은 통나무배를 타고 아마존 강을 따라가며 물고기도 잡고 거북도 잡아 강 하구에서 사고팔아요. 어떤 사람들은 이 마을 저 마을을 다니며 연장이나 수공예품과 음식을 맞바꾸기도 하지요. 아마존 강가에 사는 사람들한테 통나무배는 밀림 둘레로 물건들을 나를 수 있는 하나뿐인 교통수단이에요.

기차 모험

안데스 산맥에서 기차 여행은 그야말로 모험이에요. 오토페로스라고 하는 오래된 철제 증기 기차가 눈 덮인 화산을 지나 초록 계곡, 푸른 석호를 달려 구불구불 가파른 비탈을 오르락내리락 달려요. 에콰도르의 협곡 나리스델디아블로(악마의 코)에서는 기차가 뒤로 내려가기까지 하지요.

통나무배를 타고 있는 사람들

험한 길

내륙에는 고르고 판판한 길이 거의 없어요. 길 대부분이 가파른 산길이거나 험한 흙 길이지요. 동물 발자국이나 무거운 수레 바퀴 자국으로 움푹움푹 들어간 길이 많아요.

페루의 안데스 산맥에 놓인 철도는 세계에서 가장 높아요.

대상(카라반)

야마는 안데스 사람들한테 중요한 동물이에요. 짐을 싣고 좁고 가파른 산길을 잘 가서지요.

야마를 데리고 가는 페루 여인

아마존의 배

증기 기관선과 바지선이 아마존 강을 따라 석유, 광물, 고무, 목재를 싣고 광산과 유전, 고무나무 재배지, 제재소 들을 오가요.

에콰도르 나포 강의 목재를 실어 나르는 배

벨렘 항

브라질의 번화한 항구인 브라질 벨렘은 아마존으로 통하는 문이에요. 크루즈선과 화물선들이 이곳에 머무르고 있다가 수많은 작은 섬이며, 이리저리로 뻗은 물길과 강으로 갈 거예요.

라플라타 강의 해상 운송

우루과이와 아르헨티나의 국경이 라플라타 강의 어귀에서 만나요. 이곳은 대서양에서 부에노스아이레스와 몬테비데오의 번화한 항구, 도시들로 통하는 길이지요.

강 유람

오리노코 강의 크루즈선

크루즈선이 오리노코 강, 아마존 강, 파라나 강을 오르내려요. 배들은 브라질 오비도스와 마나우스, 페루 이키토스 열대 우림을 거쳐 지나지요.

칠레의 **푼타아레나스**는 남아메리카 끝에 있어요. 해양 센터와 남극 탐험의 보급 기지 구실을 하지요.

아마존 횡단 고속 도로

아마존 밀림을 지나는 길을 만들려고 세계의 탐험가와 사업가들이 여러 해 동안 애를 썼어요. 워낙 빽빽한 숲에다 위험한 질병, 습도 높은 기후로 때마다 어려움에 빠졌지요. 마침내 현대 기계의 도움으로 '트랜스아마존하이웨이' 라고 하는 아마존 횡단 고속 도로가 놓여졌어요. 덕분에 이 지역의 주요 도시들은 이어졌지만, 밀림의 평화는 깨지게 되었어요. 다시는 예전 자연으로 돌아갈 수 없을 것이라는 목소리가 나오고 있지요.

티티카카 호

티티카카 호의 푸노 마을로 가는 기차가 위로 위로 올라가요. 안데스의 낮은 산을 빙 돌아, 산비탈을 뒤로 하고, 눈 덮인 가파른 산꼭대기로 올라가요.

여행객들은 세계에서 두 번째로 높은 철로에서 잉카 제국의 제1황제 만코카팍과 그의 자매를 떠올려요. 만코카팍과 그의 자매는 티티카카 호에서 나와 잉카 제국을 세운 태양신의 아들 딸로 경배되었어요.

티티카카 호 둘레에는 볼리비아라는 나라가 있는데, 이곳 사람들은 밀, 감자와 채소 들을 길러요. 또 털과 우유, 고기를 얻으려고 소나 양, 알파카를 기르지요.

25개가 넘는 강이 흘러드는 이 커다란 호수의 넓이는 8000제곱킬로미터에 이르러요. 이 호수는 배로 건널 수 있는 가장 높은 호수이지요. 오직 배를 타려고 이곳에 오는 사람도 많아요.

호수에는 41개의 섬이 있어요. 여기저기 호수 둘레의 여울에는 우로스 섬의 사람들이 뗏목 위에 살고 있어요. 집이나 배, 생활용품도 모두 물가에서 자라는 갈대로 만들지요. 여행객들은 이곳 원주민 여인이 갈대로 물건을 만드는 모습을 보기도 하고, 기념품을 사기도 해요.

갈대 보트인 토토라 짜는 모습

용어 풀이

강 넓고 길게 흐르는 물줄기예요. 강은 대부분 바다로 흘러 들어가지요.

강어귀 강이 바다와 만나는 곳이에요.

계곡 산이나 언덕 사이에 있는 낮은 땅이에요.

고원 널따랗고 판판하며 때로는 바위가 있는 높은 벌판이에요.

고지대 산악이나 언덕처럼 높은 곳을 가리켜요.

곶 바다나 호수, 강으로 뾰족하게 튀어나온 땅의 끝 부분이에요.

대륙 지구의 커다란 땅덩이를 일곱 개의 대륙으로 나눌 수 있어요. 유럽, 북아메리카, 남아메리카, 아시아, 아프리카, 오세아니아, 남극이지요.

대양 대륙을 둘러싸고 있는 커다란 소금물이에요. 대양은 지구 표면의 3분의 2를 넘게 차지하지요.

댐 강을 가로질러 물 흐름을 막아 놓은 것이에요.

모래 언덕 모래로 된 언덕이나 능선이에요. 바람에 의해 만들어진 것으로, 모양과 위치가 늘 바뀌지요.

바다 짠물이 모인 넓은 곳으로 하나로 넓게 이어져 있어요. 바다의 일부나 전부가 땅에 둘러싸여 있을 수도 있지요.

반도 삼면이 바다로 둘러싸인 좁고 긴 땅이에요.

사막 흙이 오랜 세월이 지나면서 모래로 바뀐 아주 메마른 땅이지요.

산 땅에서 아주 높이 솟아 있는 곳이에요. 언덕보다 높지요.

삼각주 강이 바다로 들어가는 어귀에 이루어진 판판하고 물기가 많은 땅이에요. 강에서 떠내려온 고운 흙, 모래와 자갈돌 들이 이곳에 쌓여 있지요. 보통 삼각형 모양을 하고 있어요.

석호 모래가 쌓여서 바다에서 떨어져 생긴 호수를 가리켜요. 소금물로 채워져 있지요.

섬 둘레가 물로 둘러싸인 대륙보다는 작은 땅을 가리켜요.

열대 우림 키 큰 나무와 식물 들로 우거져 있고, 사철 내내 잎이 푸른 숲이에요. 일 년 내내 매우 덥고 비가 내리지요.

적도 남극점과 북극점 가운데에서 지구를 빙 둘러 그린 상상의 선이에요.

지협 두 개의 커다란 땅을 이어 주는 좁고 긴 땅으로 그 양쪽으로 물이 있지요.

팜파스 넓은 초원으로 나무는 거의 없어요.

폭포 강물이 가파른 절벽에서 떨어지는 거예요.

호수 땅으로 둘러싸인 커다란 물웅덩이예요. 아주아주 큰 호수는 '–해'라고 하지요.

화산 산꼭대기에 나 있는 지구 표면의 틈이에요. 화산이 폭발할 때 지구 깊숙한 곳에 있던 용암, 화산재, 뜨거운 가스가 이곳으로 뿜어져 나와요.

찾아보기

ㄱ

가우초 19, 22
갈라파고스 제도 6, 17
거북 16, 26
고무 27
고무나무 15
과라니 어 7
구리 24
국립 공원 22
금 24
기아나 고지 9, 13

ㄴ

나리스델디아블로(악마의 코) 26
나무늘보 17
나스카 9
나스카 사막 8
나침반 4
남극권 4, 5
남회귀선 4, 5

ㄷ

대서양 4, 5, 10, 11, 13, 27
독청개구리 17

ㄹ

라파스 18, 19
라플라타 강 11, 27
리아나 14
리우데자네이루 19, 22, 23

ㅁ

마나우스 27
마데이라 강 10, 11
마라카이보 호 11, 24
마추픽추 23
만코카팍 28
맥 16
맹그로브 12
모아이 23
몬테비데오 6, 27
밀 25

ㅂ

바나나 24, 25
바닐라 난초 15
벨렘 27
보고타 6, 19
보아 16
북극권 4, 5
북회귀선 4, 5
브라질 고원 9, 13
브라질너트 15
브라질리아 6, 18, 19
브로멜리아드 14
빙산 11

ㅅ

사탕수수 24, 25
산사태 8, 12
산티아고 6, 19
삼바 7
상파울루 18, 19, 21
석유 18, 24, 27
석호 11
선인장 15
소금 사막 8
슈거로프 산 22

ㅇ

아나콘다 16
아마존 8, 9, 10, 11, 13, 14, 15, 16, 20, 21, 23, 26, 27
아마존수련 14
아마존 횡단 고속 도로 27
아이마라 어 7
아콩카과 산 9
아타카마 사막 9, 12, 13, 15
악어 16, 17
안경곰 12
안데스 산맥 8, 9, 10, 12, 13, 15, 16, 19, 20, 21, 24, 26, 27, 28
앵무새 16, 17
야노마미 족 21
야마 16, 17, 27
에메랄드 24
에스파냐 어 6, 7
엔젤 폭포 11
엘도라도 10
열대 우림 8, 14, 15
오리노코 강 11, 12, 27
오비도스 27
오토페로스 26
우로스 섬 29
우유니 소금 사막 8
우정의 다리 26
원숭이 16, 17
은 24
이구아수 폭포 11
이구아나 17
이끼 15
이스터 섬 23
이키토스 27
이타이푸 댐 11
인디언 6, 20, 21
임관 14
잉카 21, 23, 28

ㅈ

재규어 16, 17
적도 4, 5, 6, 12, 13
지진 12

ㅊ

찬찬 22
축척 4, 5
치브차 족 10
친칠라 16

ㅋ

카니발 23
카라반 27
카라카스 6, 18, 19
카리브 해 11
카사바 21
카피바라 16, 17
커피 25
케추아 어 7
코끼리바다표범 12
코끼리거북 17
코토팍시 산 8, 9

콘도르 17
쿠스코 20, 21
큰개미핥기 17
큰부리새 17

ㅌ

태양 신전 21
태평양 4, 5, 11, 12, 13, 17
탱고 7
토토라 11, 28
티에라델푸에고 11, 12, 13
티티카카 호 11, 28, 29

ㅍ

파나마 지협 4, 5
파라과이 강 11
파라나 강 10, 11, 27
파란모포나비 17
파타고니아 고원 9, 13
파투스 호 11
팜파스 13, 15, 17, 19, 22, 25
펠레 21
포르투갈 어 7
푸노 28
푼타아레나스 27
퓨마 12
프랑스 어 7
피라니아 16, 17

ㅎ

혼곶 11
화산 8, 9, 12, 19, 24, 26

한눈에 보기

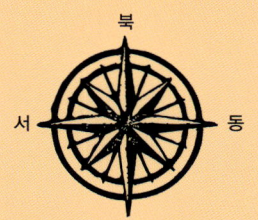
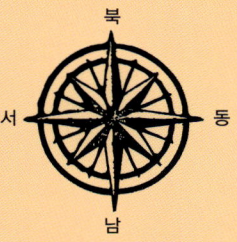

대륙
세계는 일곱 개의 대륙으로 나뉘어요. 남아메리카는 세계에서 네 번째로 큰 대륙이지요.

나라

브라질

남아메리카에는 13여 개의 나라가 있어요. 브라질이 가장 큰 나라지요. 남아메리카 대부분의 나라는 1600년대 에스파냐의 침략과 지배를 받았어요. 그래서 오늘날에도 에스파냐 어를 주로 쓰지요. 브라질에서는 포르투갈 어를 써요.

지형

남아메리카의 지형은 아주 다양해요. 안데스의 높은 산악 지역은 남아메리카의 서부에 척추처럼 길게 뻗어 있어요. 동부의 고지대 또한 높고 험하며, 남부에는 사막이 있지요. 큰 아마존 강과 열대 우림이 남아메리카의 대부분을 차지해요. 남쪽으로는 풀이 우거진 팜파스와 고원이 끝까지 뻗어 있어요.

물길
세계에서 두 번째로 긴 아마존 강이 서쪽에서 동쪽으로 흘러요. 아마존 강에는 천 개쯤의 물줄기가 있으며 그 가운데 일곱 개는 1500킬로미터가 넘지요. 큰 물줄기들이 서로 얽혀 있어요.

기후

남아메리카의 기후는 달라도 너무 달라요. 눈 덮인 고원과 바위산에는 바람이 불고 세찬 비가 쏟아져 내리지요. 산비탈은 화산과 지진으로 흔들려요. 어떤 사막에서는 400년 동안 비가 안 오며, 어떤 강은 밀림을 온통 습지와 늪으로 만들기도 해요. 우기가 되면 강이 넘쳐 땅을 뒤덮어 버리니까요.

식물
아마존 유역의 열대 우림은 세계에서 가장 커요. 이곳에서 아주 많은 식물이 자라지요. 다른 지역의 식물들은 고지대의 거센 바람과 사막의 메마른 땅에서 살아남아야 해요.

동물
남아메리카의 동물들은 대부분 자연 속에서 자유롭게 살아가요. 사람들이 숲과 초원을 일구면서 동물들 수가 줄어들고 있지요. 아마존 강에는 위험한 동물들도 살고 있으며, 태평양의 갈라파고스 섬에는 진귀하고 희귀한 동물들이 살고 있어요.

인구
인구의 4분의 3이 해안을 따라 세워진 대도시에 살고 있어요. 번화한 항구 도시들이 중요한 구실을 하고 있지요. 생활에 필요한 물건들이 이곳을 통해 들어오고 나가니까요.

민족과 풍습
남아메리카는 다양한 문화와 전통의 대륙이에요. 전 세계에서 관광객들이 모여들지요.

산업

남아메리카의 산과 초원은 매우 가치가 높아요. 이곳에 석유, 금속, 보석 들이 묻혀 있으며, 소와 바나나, 그리고 사탕수수가 길러지기 때문이지요.

교통
남아메리카는 높은 안데스 산맥과 우거진 아마존 밀림이라는 두 가지 장애물을 극복해 왔어요. 옛날 사람들은 해안을 벗어나기 어려웠지만, 지금은 비행기나 고속 도로로 도시 사이를 쉽게 오갈 수 있지요.

# 꼬마 탐험가가 보는 지도책 (전 8권)

나라, 지형, 식물, 동물, 인구, 민족과 풍습, 산업 들에 이르기까지 세계의 여덟 곳을 생생한 사진과 눈에 쏙쏙 들어오는 그림으로 탐험해 보아요!

●1권 유럽
작은 대륙이지만, 50여 개 나라가 옹기종기 모여 있는 유럽으로 떠나요!

●2권 북아메리카
여러 문화가 함께 어우러져 있는 북아메리카로 떠나요!

●3권 남아메리카
자연의 순수함을 느낄 수 있는 남아메리카로 떠나요!

●4권 동북·동남아시아
세계에서 가장 많은 사람이 사는 동북·동남아시아로 떠나요!

●5권 서남·중앙아시아

독특한 자연과 문화가 있는 서남·중앙아시아로 떠나요!

●6권 아프리카
놀라운 자연이 살아 숨 쉬는 아프리카로 떠나요!

●7권 오세아니아
세계에서 가장 작은 대륙인 오세아니아로 떠나요!

●8권 극지방과 바다
신비한 극지방과 바다로 떠나요!